CHAMBRE DE COMMERCE DE MARSEILLE

DÉLIBÉRATION

RELATIVE A LA

QUESTION DU RACHAT DES CHEMINS DE FER

ET DE

LEUR EXPLOITATION PAR L'ÉTAT

MARSEILLE

TYP. ET LITH. BARLATIER-FEISSAT PÈRE ET FILS

Rue Venture, 19.

1880

CHAMBRE DE COMMERCE DE MARSEILLE

DÉLIBÉRATION

RELATIVE A LA

QUESTION DU RACHAT DES CHEMINS DE FER

ET DE

LEUR EXPLOITATION PAR L'ÉTAT

MARSEILLE

TYP. ET LITH. BARLATIER-FEISSAT PÈRE ET FILS

Rue Venture, 19.

1880

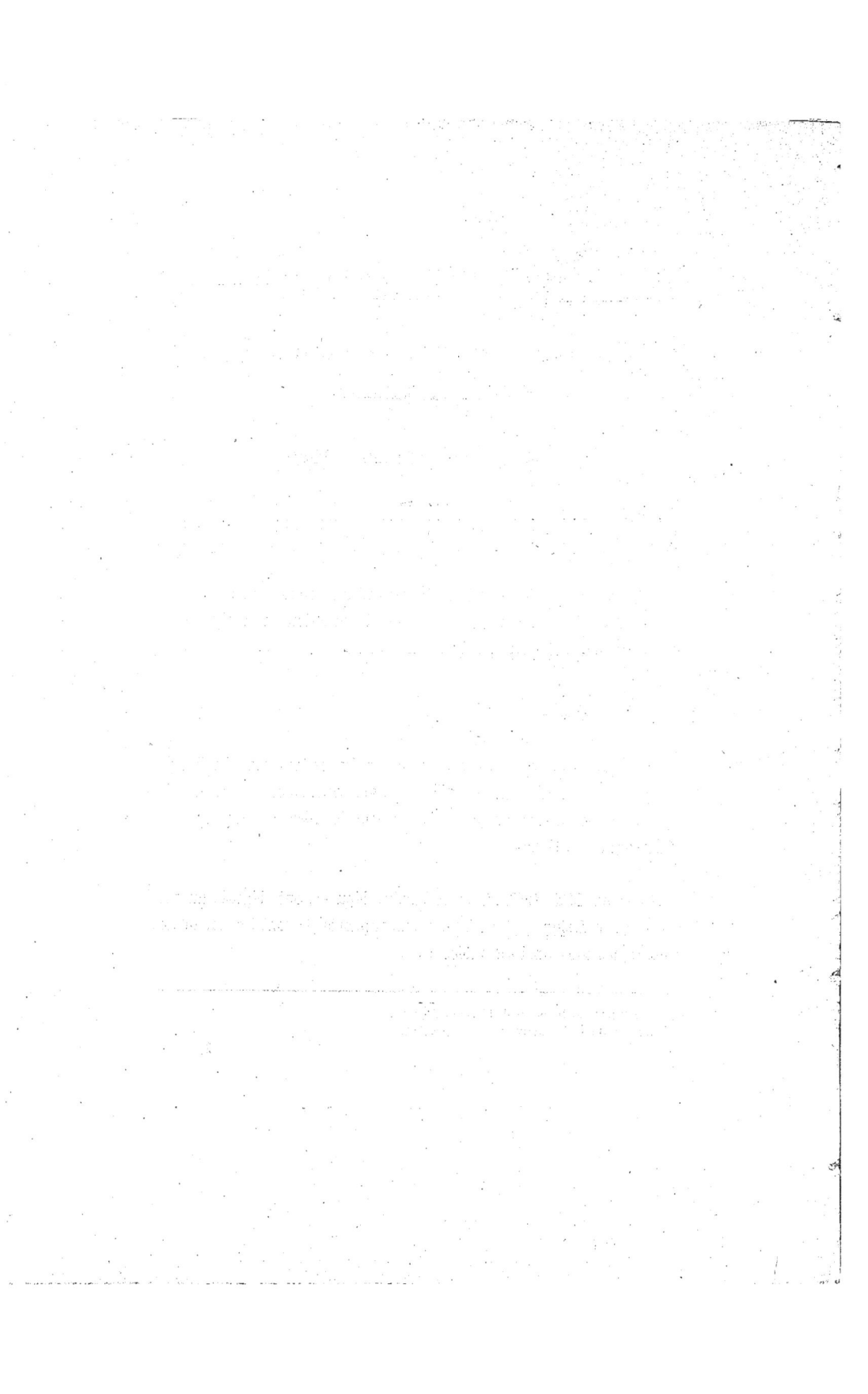

CHAMBRE DE COMMERCE DE MARSEILLE

EXTRAIT DES REGISTRES DES DÉLIBÉRATIONS

Séance du 8 Octobre 1880.

Monsieur le Président fait le rapport suivant, au nom de la Commission qui avait été chargée d'examiner la question du rachat et de l'exploitation des chemins de fer par l'État :

MESSIEURS,

La question du rachat des chemins de fer et leur exploitation par l'État est aujourd'hui posée devant le Parlement, sinon d'une manière générale, du moins en ce qui concerne le réseau complet de la Compagnie d'Orléans.

En effet, MM. Baïhaut et Lebaudy, députés, ont déposé, au nom de la Commission du 3me réseau, deux rapports (1) dont les conclusions identiques sont ainsi formulées :

---

(1) Rapport de M. Baïhaut, n° 2489, page 85.
Rapport de M. Lebaudy, n° 2545, page 64.

« Monsieur le Ministre des Travaux publics est invité à présenter
« aux Chambres un projet de loi ayant pour objet le rachat et l'exploi-
« tation des lignes de chemins de fer formant la concession de la
« compagnie d'Orléans. »

Comme il est à craindre que la solution qui sera donnée à la question du rachat et de l'exploitation par l'État du réseau complet de
la compagnie d'Orléans n'entraîne des décisions analogues pour toutes
les autres lignes des chemins de fer français, vous avez chargé une
commission d'étudier toutes les questions qui se rattachent à cette
affaire, *considérée à un point de vue général.*

J'ai l'honneur de vous soumettre, en son nom, le résultat de l'étude
à laquelle elle s'est livrée :

Il est incontestable que nos tarifs de chemins de fer soulèvent, depuis
assez longtemps, pour un grand nombre de cas, de très vives réclamations, et que les cahiers des charges des Compagnies, rédigés, il y a
une trentaine d'années, sont loin de répondre aujourd'hui aux nécessités de transports à bon marché, sans lesquels le commerce et l'industrie ne peuvent soutenir la concurrence étrangère.

Il n'est pas moins certain que les Compagnies opposent souvent,
avec une trop grande rigueur, les stipulations de leurs cahiers des
charges aux justes demandes qui leur sont adressées.

Mais, y a-t-il là des motifs suffisants pour que l'État se laisse entraînèr dans une entreprise aussi colossale, aussi dangereuse que celle du rachat et de l'exploitation de toutes nos lignes de chemins de fer ?

Une telle entreprise ne présenterait-elle pas des inconvénients très graves, sans avoir pour conséquence naturelle les abaissements de tarifs qu'on espère en retirer ?

Enfin, n'est-il pas possible d'obtenir des Compagnies les justes satisfactions qui sont réclamées par le Pays, sans en arriver à exercer vis-à-vis d'elles les droits de rachat qui sont réservés à l'Etat par l'article 37 des cahiers des charges ?

Telles sont les questions que votre Commission a examinées avec le plus grand soin.

I.

Nous disons que *le rachat et l'exploitation des chemins de fer par l'État serait une entreprise colossale et dangereuse.*

En effet, en l'examinant, d'abord, au point de vue financier, nous devons reconnaître que si les bases en sont nettement indiquées dans l'article 37 des contrats de concession, s'il est, dès lors, possible d'apprécier approximativement l'importance des sommes que l'État devrait rembourser à chaque Compagnie, il est, cependant, certain qu'une opération financière aussi considérable, embrassant la totalité de nos réseaux, serait entourée d'une foule de difficultés qui ne pourraient être résolues sans compromettre, peut-être sérieusement, aussi bien les intérêts du Trésor que ceux des actionnaires et obligataires des Compagnies, lesquels, non-seulement ne demandent pas le rachat, mais en redoutent, au contraire, les conséquences.

En ce qui concerne le Trésor, l'opération financière nécessiterait une émission de fonds publics dont l'importance pourrait offrir un grave danger pour le crédit de l'Etat.

En ce qui concerne les nombreux porteurs d'actions et d'obligations de chemins de fer, ils devraient recevoir, en échange de leurs titres, des valeurs d'Etat qui sont soumises aux fluctuations politiques, tandis que leurs valeurs actuelles ne dépendent que de la prospérité plus ou moins grande, ou de l'administration plus ou moins habile de Compagnies qui ont fait leurs preuves.

Il y a plus : l'Etat devant achever désormais le réseau national serait encore obligé de faire, toujours en fonds publics, les émissions d'obligations que la séparation des réseaux répartit aujourd'hui sur les divers points du territoire, chaque compagnie s'adressant, pour ainsi dire, à sa clientèle locale.

II.

Nous avons à examiner *si l'exploitation des chemins de fer par l'État ne présenterait pas des inconvénients très graves, sans avoir pour conséquence naturelle l'abaissement des tarifs qu'on espère en retirer.*

L'exploitation par l'Etat aurait pour premier effet de concentrer, sous une seule direction, l'administration de tous les réseaux ; — ce qui entraînerait, selon nous, les plus fâcheux résultats.

On s'est souvent préoccupé, avec raison, au double point de vue de l'exploitation des chemins de fer et de l'intérêt du commerce, des inconvénients de la concentration de réseaux trop étendus dans les mains d'une même Compagnie.

Comment admettre, dès lors, que l'État puisse administrer, surveiller, exploiter convenablement 25 à 30.000 kilomètres de chemins de fer ?

Si les administrations actuelles provoquent quelquefois des critiques plus ou moins fondées, il faut reconnaître, cependant, qu'elles rivalisent généralement de zèle et d'initiative pour appliquer les progrès et les améliorations que l'industrie des transports réalise constamment dans le monde entier. Cet heureux effet de la concurrence et de l'ému-

3

lation n'existerait plus, le jour où l'État administrerait seul toutes nos voies ferrées.

L'exploitation des chemins de fer par l'État aurait encore pour conséquence de rendre *fonctionnaires du Gouvernement* la multitude d'employés de tous grades indispensable aux services de l'Administration et de l'exploitation.

Ce nombreux personnel, désormais soumis aux règlements et à la discipline de l'État, serait, dès lors, exposé à des changements de résidence et même à des révocations, motivés souvent, il faut bien le reconnaître, par des considérations complètement étrangères au service du chemin de fer. Le personnel, subordonné ainsi à des influences politiques, se préoccuperait, sans doute, bien plus de complaire aux vues gouvernementales et de condescendre aux désirs des autorités locales que de satisfaire à ses obligations professionnelles.

Il y aurait évidemment là de très sérieux inconvénients.

Examinant la question à un autre point de vue, on peut dire que l'Etat, essentiellement fiscal, ne pourrait pas cesser de l'être dans l'exploitation des chemins de fer placés sous sa direction.

Si les nécessités budgétaires le réclamaient, il n'hésiterait pas à relever les tarifs dont il serait le maître absolu, et, dans de telles circonstances, il reculerait, comme nous l'avons dit plus haut, devant l'application des progrès et des améliorations que les Compagnies n'hésitent pas à réaliser.

Il pourrait même, en vue de faire des économies, ne pas maintenir dans de bonnes conditions ou ne pas renouveler en temps utile les voies et le matériel, tandis que les Compagnies y sont rigoureusement obligées par leurs cahiers des charges et sous la surveillance de l'État, de manière à toujours assurer une exploitation satisfaisante.

Pourrait-on être certain qu'il en serait toujours ainsi, lorsque le contrôle s'exercerait vis-à-vis de l'État par l'État lui-même ?

Au point de vue des intérêts du commerce, il y aurait lieu de craindre que l'État ne pût se départir, dans l'exploitation des chemins de fer, du formalisme administratif, qui ne comporte ni la rapidité, ni les facilités indispensables au Commerce.

Il y a lieu d'ajouter encore que tous les procès qui sont intentés par le Commerce contre les Compagnies de chemins de fer, ou réciproquement, pour pertes, avaries, retards, dommages, etc., qui sont aujourd'hui déférés à nos tribunaux, ne seraient, sans doute, plus soumis à ces juridictions naturelles, lorsqu'on aurait l'État pour adversaire :

L'État voudrait probablement soumettre ces litiges aux tribunaux administratifs, ce qui le rendrait à peu près juge et partie; et aurait pour conséquence bien plus grave de faire rendre la justice, en matière de transports et de commerce, par des juges qui n'auraient, dans la plupart des cas, aucune compétence sur ces questions.

De plus, le commerce aurait à subir, inévitablement, le préjudice des lenteurs habituelles de la procédure administrative, dans des circonstances où il a toujours besoin des plus promptes solutions.

Enfin, *l'exploitation par l'État amènerait-elle, d'une manière certaine, les abaissements de tarifs, en vue desquels les partisans du rachat des chemins de fer demandent cette grande transformation ?*

Nous ne le croyons pas, car l'expérience a démontré que, partout où l'État a voulu exploiter les chemins de fer, ses frais d'exploitation ont été plus élevés que ceux des Compagnies.

L'exploitation par l'État, loin de procurer les moyens de réduire les tarifs, conduirait bien plutôt à l'obligation de les relever ou à créer de nouveaux impôts.

Si l'on objectait que l'État, exploitant nos chemins de fer, pourrait supporter des frais plus forts en se contentant de bénéfices moindres que ceux obtenus par les Compagnies, nous répondrions : que les économies actuelles profitant à la masse des porteurs de titres des chemins de fer, constituent un véritable accroissement de la richesse sociale et que l'aggravation des frais entraînerait, au contraire, au détriment de cette richesse, une perte réelle qui serait sans compensation.

Au lieu de s'engager ainsi dans une exploitation dont les résultats incertains ne permettraient probablement pas de réaliser les réductions de tarifs réclamées par notre Commerce et nos industries, l'État serait bien mieux assuré d'obtenir ces abaissements de taxe en consentant à rayer du Budget tous les impôts existants aujourd'hui sur les transports par chemins de fer, aussi bien pour le service des voyageurs que pour celui des marchandises.

III.

Nous avons à examiner, enfin, *s'il n'est pas possible d'obtenir des Compagnies des chemins de fer les justes satisfactions qui sont réclamées par le Pays, sans en arriver à exercer, vis-à-vis d'elles, les droits de rachat qui sont réservés à l'État par l'art 37 du cahier des charges.*

L'enquête parlementaire de 1878 devant le Sénat, et le remarquable rapport de M. Georges, sénateur, rapporteur de la Commission des chemins de fer d'intérêt général, fait à la suite de cette enquête, indiquent nettement quelles sont les réclamations adressées aux Compagnies (1).

Partout, en France, on demande des améliorations et des simplifications dans les tarifs.

Sera-t-il possible de donner satisfaction aux vœux exprimés, en ce qu'ils ont de fondé ?

Nous le croyons, quant à nous ; car, en 1857 et en 1863, de notables modifications ont été apportées à l'article 42 des cahiers des charges

---

(1) Rapport n° 511 — session de 1878 — annexé au procès-verbal de la séance du 13 décembre 1878.

des Compagnies, en ce qui concerne les tarifs maxima, et il est parfaitement admissible, dès lors, qu'on puisse introduire, aujourd'hui, dans les mêmes cahiers des charges, les changements que l'expérience, les progrès de la science et les réformes économiques des vingt dernières années rendent indispensables.

Il est bon de remarquer ici, — comme l'indique très justement M. Georges, dans le rapport précité (1), — que « si les Compagnies ont le monopole de l'exploitation des lignes d'intérêt général qui leur sont concédées, il n'en est pas moins certain que ces lignes ont été, avant tout créées, non dans un but *d'exploitation commerciale*, mais dans un but *d'utilité générale* ; que c'est à ce titre que leur création est soumise aux pouvoirs législatifs et qu'elles restent la propriété de l'Etat. »

Il faut observer, en outre

« Que les concessionnaires des chemins de fer ne sont pas de simples entrepreneurs de transport, mais qu'ils sont, en quelque sorte, des agents d'un service public et que, suivant la déclaration inscrite dans le préambule de l'Ordonnance du 15 novembre 1846, — déclaration qui définit nettement les droits de l'Etat, et contre laquelle aucune protestation n'a jamais été formulée, — les chemins de fer, faisant essentiellement partie du domaine public, *ne peuvent et ne doivent être exploités que dans l'intérêt de tous.* »

« C'est par application de ce principe que l'art. 44 de l'Ordonnance de

(1) Chapitre III. — Droits de l'État, page 44.

1846 dispose : « Qu'aucune taxe de quelque nature qu'elle soit ne pourra être perçue par la Compagnie qu'en vertu d'une homologation du Ministre des Travaux publics ; » et que l'article 49 impose à la Compagnie l'obligation de soumettre à l'approbation du Ministre tous les changements qu'elle voudrait faire aux prix autorisés, et réserve à l'Administration le droit, non seulement de ne pas approuver, mais même de prescrire des modifications à ces propositions. »

Signalons encore ce fait que, depuis longtemps, l'Administration, même lorsqu'elle croit devoir homologuer les *tarifs spéciaux* qui lui sont présentés, n'accorde plus que des *homologations provisoires*, ; se réservant et affirmant ainsi son droit de retirer l'homologation, lorsqu'elle le jugerait nécessaire.

Si l'on ajoute qu'à l'occasion des concessions nouvelles faites aux Compagnies anciennes, ou lors des remaniements de tarifs généraux motivés par l'ouverture de nouvelles lignes, l'État peut, jusqu'à un certain point, imposer ses conditions, on voit qu'il est suffisamment armé pour amener les Compagnies à consentir les modifications de *tarifs légaux* et *généraux* réclamées par l'intérêt public.

Mais les Compagnies, nous n'en pouvons douter, se rendront d'elles-mêmes aux justes observations que soulèvent partout leurs systèmes de classification et de tarification des marchandises, et qui ont surtout provoqué le projet de rachat et d'exploitation des chemins de fer par l'État.

Elles reconnaîtront que leur intérêt, — dont elles sont les meilleurs juges — leur commande de donner au Commerce toutes les satisfactions auxquelles il a droit ; d'autant mieux que les changements et les abaissements de tarifs qu'il réclame, entraîneront inévitablement pour elles une augmentation de trafic.

Un des meilleurs moyens dont dispose l'État pour procurer au Commerce des transports à bas prix, c'est de donner à notre navigation intérieure tout le développement dont elle est susceptible et dont la conséquence forcée serait la réduction des tarifs de chemins de fer.

C'est ainsi que la création d'un canal de Marseille au Rhône et à Lyon, latéralement au Rhône (que notre Chambre de commerce a demandé) aurait certainement pour effet immédiat l'abaissement général des prix de transports, notamment de celui de la houille que la Compagnie P.-L.-M. continue à taxer, pour notre région du Midi, sur les bases maxima du cahier des charges, — malgré les réclamations si souvent réitérées de notre Commerce et de notre Chambre.

Nos industriels paient, en effet :
0 fr. 08 par tonne et par kilomètre de 1 à 100 kilomètres.
0 » 05 » de 101 à 300 kilomètres.
Tandis que le prix de transport est réduit à
0 fr. 033 de 101 à 300 kilomètres pour la houille qui vient s'embarquer à Marseille.

Ce fait nous a paru assez important pour être signalé d'une manière particulière, car il démontre bien que les Compagnies ne consentent généralement pas à accorder des réductions de taxes, si elles n'y sont point contraintes par la concurrence.

Nous ne saurions donc trop demander que notre navigation intérieure reçoive tout le développement qu'elle comporte, et, à cause de la situation géographique de Marseille et de l'importance de son commerce, nous insisterons particulièrement sur les avantages devant résulter de la création d'un canal qui, partant de Marseille et allant jusqu'à Lyon, se trouverait ainsi en communication avec le centre, le nord et l'est de la France par les rivières et canaux sur lesquels la navigation existe déjà, et assurerait, sans interruption, des transports à bas prix dont profiterait tout le Pays.

Les Compagnies appliquent trois sortes de tarifs :

Les *tarifs légaux*, taxes maxima autorisées par les cahiers des charges ;

Les *tarifs généraux*, — appliqués par chaque Compagnie sur son réseau dans les limites et dans les conditions des tarifs légaux ;

Les *tarifs spéciaux, communs, internationaux, de transit, d'exportation et de pénétration*, — tous tarifs réduits, inférieurs aux tarifs généraux, qui ne s'appliquent qu'à certaines marchandises à des conditions déterminées, *en tant que les expéditeurs en font la demande* ;

En ce qui concerne les *tarifs généraux* :

De tous les griefs allégués contre eux, l'embarras et les difficultés sans nombre résultant de leur complication, sont ceux qui se reproduisent avec le plus de persistance et de généralité.

On peut dire que le Commerce est unanime sur *l'absolue nécessité* de modifier l'état de choses existant et pour demander l'uniformité de classification sur tous les réseaux, de manière à ce que la même marchandise se trouve désignée, dans tous les tarifs généraux, sous le même nom et placée dans la même série.

Le Commerce demande aussi, partout, que le prix de chaque série soit le même sur tous les réseaux, afin que la même marchandise ait à payer la même taxe sur tous les réseaux, dans la même série.

Votre Commission est d'avis qu'il y a lieu d'insister auprès du Gouvernement pour obtenir ces importantes modifications qui ont le caractère le plus accentué de généralité et d'urgence.

Le Commerce est aussi d'accord pour demander que la taxe kilométrique et le mode d'application de cette taxe soient identiques sur tous les réseaux ; mais, la formule d'application soulève plusieurs objections : Les uns voudraient que le tarif fût toujours proportionnel à la distance parcourue ; les autres voudraient que le tarif décrût avec la distance. Le vœu général est que, quel que soit le mode adopté, la taxe d'un parcours donné soit toujours supérieure à celle d'un parcours moindre.

Votre Commission est de cet avis, mais elle pense que, dans aucun cas, il ne devrait résulter des remaniements de tarifs, sur aucun réseau, des taxes plus élevées que celles qui existent aujourd'hui dans les divers tarifs généraux des Compagnies.

En ce qui concerne *les tarifs spéciaux.*

Les *tarifs spéciaux conditionnels* ne soulèvent généralement qu'une objection relative au minimum de tonnage, qui est souvent trop élevé, ce qui empêche un grand nombre d'expéditeurs d'en profiter.

Votre Commission est d'avis que les Compagnies doivent multiplier ces tarifs spéciaux, et réduire autant que possible le minimum de tonnage.

Les autres *tarifs spéciaux communs, de transit, internationaux, ceux d'exportation et de pénétration* sont l'objet de nombreuses critiques.

S'ils sont approuvés par ceux qui en bénéficient, ils sont bien plus généralement discutés et combattus par ceux à l'égard desquels ils créent des inégalités de traitement pour des produits ou des localités similaires.

Ces tarifs apportent, dans certains cas, des perturbations réelles dans les conditions normales du Commerce et de l'Industrie, en permettant aux Compagnies de modifier à leur gré les prix de transport dans certaines localités, et de détruire par là, pour les industriels et pour les commerçants, les avantages qui résultent naturellement pour eux de leur situation géographique.

Votre Commission, appréciant ces observations, qu'elle trouve fort justes, est d'avis que ces divers tarifs devraient toujours être l'objet d'un examen très approfondi ; que cet examen devrait être confié à une commission spéciale et uniquement composée de membres présentant toutes garanties d'expérience et d'indépendance ;

que cet examen devrait porter, non seulement sur les tarifs spéciaux que proposeront ultérieurement les Compagnies, mais encore
sur ceux qui ont été déjà homologués, afin de les réviser et d'y
introduire, s'il y avait lieu, les modifications qui seraient reconnues
nécessaires et équitables.

Votre Commission estime aussi qu'il serait juste d'imposer aux
Compagnies l'obligation de toujours calculer les taxes sur le trajet
le plus court.

En résumé, votre Commission propose à la Chambre :

1° De s'opposer au rachat et à l'exploitation des chemins de fer par
l'Etat ;

2° De demander la suppression, à bref délai, des impôts qui grèvent
les transports par chemins de fer ;

3° D'insister pour que le Gouvernement entre en négociation avec les
Compagnies, afin d'obtenir qu'elles consentent à apporter à leurs cahiers
des charges et à leurs tarifs toutes les modifications reconnues équitables et nécessaires dans l'intérêt général du Pays ;

Notamment :

L'uniformité de classification et de tarification pour les marchandises
sur toutes les lignes, *dans les tarifs généraux* ;

L'obligation pour les Compagnies de faire suivre aux transports la
voie la plus courte ;

La révision et l'examen, par une Commission composée de personnes offrant toutes garanties d'expérience et d'indépendance, des tarifs spéciaux existants et de ceux qui seront proposés à l'avenir;

4° De demander que l'Etat, en vue de faciliter l'abaissement général des prix de transport en France, prenne les dispositions nécessaires pour que notre navigation intérieure puisse recevoir, sans retard, tout le développement dont elle est susceptible, et notamment, pour que dans l'intérêt de Marseille, — si intimement lié à l'intérêt général du Pays, — on procède promptement à l'exécution du projet de canal destiné à relier Marseille au Rhône et à Lyon.

Ce rapport entendu, la Chambre en adopte, à l'unanimité, les conclusions et les convertit en délibération.

Elle décide qu'elle le transmettra à M. le Ministre des Travaux publics, en le recommandant à sa bienveillante attention;

Qu'elle le fera imprimer et l'adressera à toutes les Chambres de commerce.

POUR EXTRAIT, CERTIFIÉ CONFORME

Le Président de la Chambre de Commerce,

Alphonse GRANDVAL.

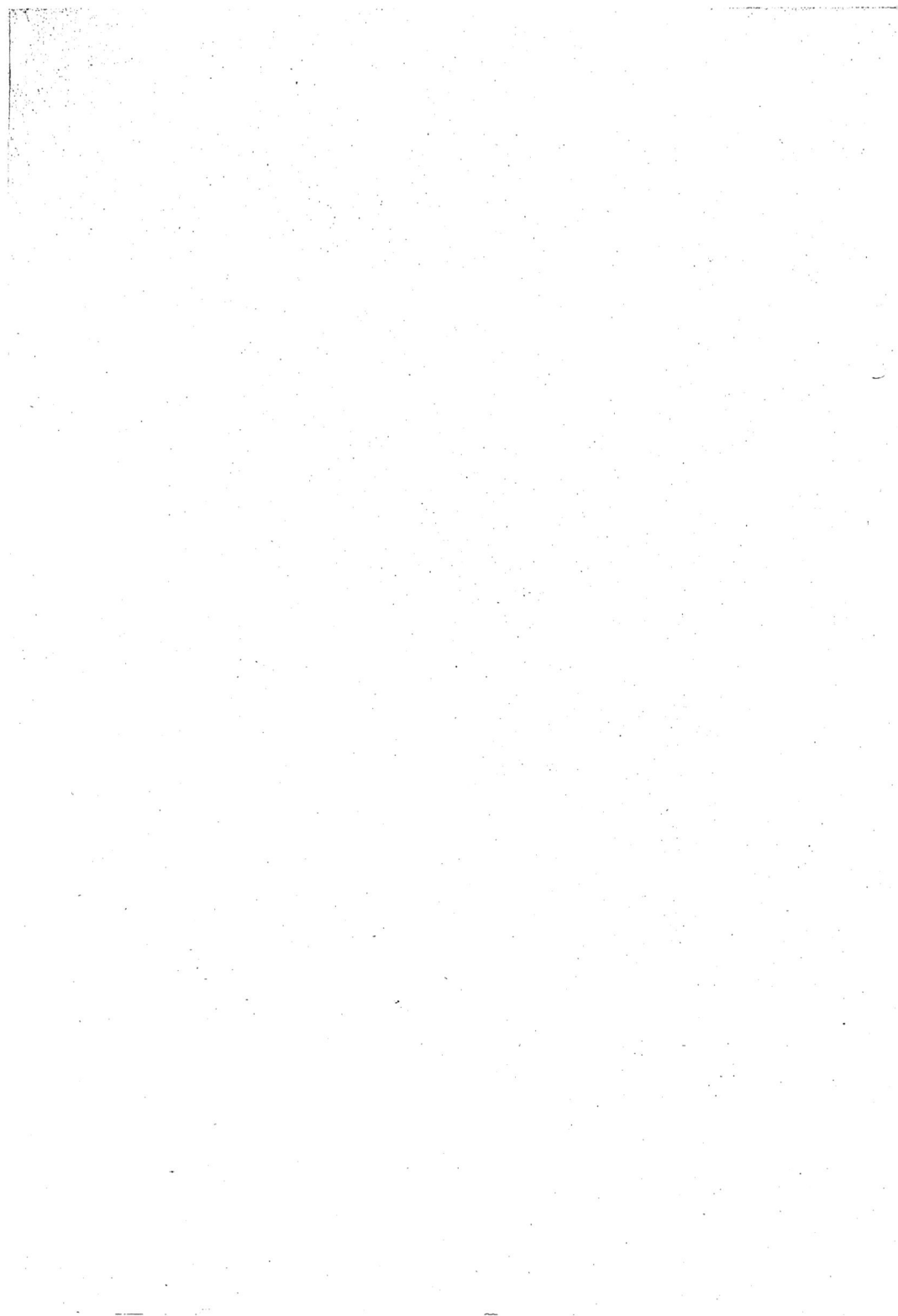

DU TRAITEMENT

DES AFFECTIONS GOUTTEUSES

ET RHUMATISMALES,

PAR LE Dʳ LABRUNE.

BESANÇON,

IMPRIMERIE ET LITHOGRAPHIE DE J. JACQUIN,
GRANDE-RUE, 14, A LA VIEILLE-INTENDANCE.

1861.

DU TRAITEMENT

DES AFFECTIONS GOUTTEUSES

ET RHUMATISMALES.

~~~~~~~~

Le rhumatisme et la goutte sont deux grandes
sources des souffrances humaines, très différentes dans
leurs causes, très analogues dans leurs effets, qui,
d'ailleurs, peuvent s'associer dans la même existence,
et la soumettre à des tortures désespérantes pour le
malade et le médecin. Quelles sont, en effet, les armes
de la médecine contre ces deux grands ennemis, dont
l'un nous attaque par le dehors, par notre enveloppe,
qu'il pénètre pour arriver trop souvent jusqu'au cœur
de la place, tandis que l'autre nous mine en silence
jusque dans l'intimité de nos tissus, en troublant les
actes les plus indispensables à l'entretien de notre vie,
la nutrition et les sécrétions, c'est-à-dire la formation
même du sang?

Rien de vague, d'incertain, d'impuissant, et souvent
même de dangereux comme le traitement indiqué par

la médecine usuelle pour remédier aux maux si divers dont ces maladies sont la source.

On n'ose plus juguler le malade avec la maladie par la saignée, comme au beau temps de Broussais, mais on le gorge d'émétique, au risque de causer des ulcérations de l'estomac que l'art le plus sage ne guérit pas toujours ; on épuise la constitution en essayant sur elle les médications perturbatrices les plus incendiaires, la quinine, l'opium, le nitre à hautes doses, et l'on prépare ainsi, par un empoisonnement méthodique, ces congestions foudroyantes du cerveau ou des poumons, ces terminaisons fatales que dénonçait naguère au monde savant un professeur agrégé de la Faculté de Paris, M. Aran [1].

La médecine est-elle donc condamnée à ces attentats

(1) A l'occasion d'un cas de rhumatisme subaigu terminé par la mort, M. Aran a fait les remarques suivantes, que nous trouvons consignées dans la *France médicale :*

Le rhumatisme est le résultat de l'action du froid humide, c'est incontestable ; mais le froid humide est insuffisant pour produire la maladie, s'il n'y a pas en outre suppression de la perspiration cutanée.

Maintenant, lorsqu'un sujet se trouve dans ces conditions et qu'il s'est développé chez lui une affection rhumatismale, ce malade se trouve, par le fait de ce développement, dans un état particulier, qui est une diathèse, qui le suivra toute sa vie et l'exposera à une foule de maladies.

Selon M. Aran, on ne peut nier la diathèse rhumatismale ; acquise chez les uns, elle est chez les autres transmise par hérédité. Qu'elle soit de l'une ou de l'autre espèce, il peut se produire sous son influence deux ordres de phénomènes, de maladies, dont les manifestations ne peuvent être calculées d'avance.

Le premier ordre est en rapport avec les troubles qui se localisent contre l'existence humaine, ou à rester désarmée en face de nos souffrances, à espérer tout du temps et d'une timide expectation ?

Comment se présenter devant un malade avec une telle doctrine, et, au milieu de cette abondance de moyens qu'on préconise, n'en est-il pas quelques-uns

vers les fonctions du système nerveux. Le second est en rapport avec les systèmes fibreux et musculaire, et affecte la forme inflammatoire.

Peut-être, ajoute le professeur, ce mot de *rhumatisme nerveux* va-t-il étonner quelques personnes, et cependant rien n'est plus vrai. Un rhumatisant se trouve dans un courant d'air ; il est pris immédiatement d'une douleur occupant une vaste étendue de la surface du corps, d'une *hyperesthésie* de la peau. La cause de la plus grande partie des *dermalgies* est l'impression du froid humide avec suppression de la perspiration cutanée.

Chez un autre, exactement dans les mêmes conditions, les phénomènes seront diamétralement opposés, c'est une *anesthésie* complète qui se manifestera.

Chez un troisième, ce sera le système musculaire qui sera pris, et le malade sera frappé d'un torticolis, d'une raideur des muscles du cou, accompagnée de douleur au moindre mouvement ; ou bien ce sera un lumbago, une douleur des parois de la poitrine ou du ventre, etc.

Une jeune fille chloro-anémique est sujette au rhumatisme ; sa mère la gronde un peu vivement ; l'enfant, vivement émue, est prise de chorée.

C'est encore par l'impression du froid humide chez des sujets rhumatisants que l'on expliquera facilement certaines paralysies des membres, de la face, avec ou sans douleur.

Dans d'autres circonstances, ce sera l'élément vasculaire qui prédominera, et ce seront des congestions vives et brusques, des inflammations que l'on observera.

Ou bien le système fibreux ou séreux sera principalement affecté. Une remarque à faire, c'est que les inflammations séreuses qui tapissent les grandes cavités n'ont pas, sous l'influence du rhumatisme, de tendance à contenir des fausses membranes ; la suppuration y est chose rare.

En résumé, dit M. Aran, le rhumatisme n'est pas une maladie aussi simple qu'on veut bien le dire. C'est une maladie diathésique, susceptible de frapper tous les organes de l'économie.

Ceci posé, a dit M. Aran, nous devons insister sur les dangers du que l'art peut appliquer avec prudence et cependant avec efficacité ?

Il n'est pas donné à tous de se procurer le bienfait des eaux minérales, de l'hydrothérapie et des fours résineux. Le plus grand nombre est retenu par ses occupations ou par l'exiguité de sa fortune, condamné, par conséquent, à se guérir ou à souffrir sur place,

rhumatisme. C'est une maladie grave, qui ne guérit jamais, et qui renferme en elle des éléments de mort tout à fait inattendus, et qui est d'autant plus redoutable qu'elle semble se présenter avec les phénomènes les moins inquiétants.

Ces accidents imprévus sont de deux sortes : cérébraux et pulmonaires. Comme dans le cas actuel, les accidents pulmonaires sont des congestions sanguines qui, rapidement portées à l'extrême, déterminent la mort avant qu'on ait eu le temps de les conjurer.

Pour les accidents cérébraux, qui tuent depuis longtemps, mais dont l'histoire n'est faite que de ces derniers temps, ils présentent deux séries de phénomènes différents.

Ou il y a un délire analogue à celui des autres maladies, le sujet succombe avec ou sans beaucoup de fièvre ; ce délire est d'autant plus traître que l'on s'en méfie moins.

L'autre forme est celle que l'on a désignée sous le nom d'apoplexie rhumatismale ; un peu de délire, pas de convulsions ; puis le malade tombe dans le coma et meurt, et, à l'autopsie, on ne trouve absolument rien ; il s'est opéré une fluxion sanguine qui a causé des désordres mortels.

Dans l'opinion de M. Aran, le traitement suivi depuis quelques années n'est pas sans influence sur la fréquence de ces accidents. Aujourd'hui, on saigne beaucoup trop peu, et la thérapeutique a, sous ce rapport, reculé de trente ans. Il fait remarquer que les rhumatisants qui succombent à ces accidents n'ont pas été saignés. Le sulfate de quinine est très satisfaisant quant aux résultats *immédiats*, mais il congestionne le cerveau et la moelle, et pêut-etre, dans certains cas, n'est-il pas tout à fait innocent de ces terminaisons fatales.

M. Aran pense que souvent il suffirait, en même temps que l'on met en usage le sulfate de quinine, de pratiquer une saignée, si petite soit-elle, pour prévenir ces accidents.   Dr A. FOUCART.

sans autre espoir de soulagement que celui qui peut lui être offert par la médecine locale.

C'est à ces malades intéressants qu'il importe de présenter une méthode de traitement efficace et commode, dirigée par une loi positive, qui approprie les remèdes aux souffrances d'après une expérience fondée sur des faits, et non point conduite par des inspirations ou des préférences arbitraires, propres à mettre la vie en péril et le fond même de la santé en question, comme le fait trop souvent la médecine usuelle avec ses pratiques audacieuses, ses témérités aléatoires et ses énormes doses de poison.

Les médecins de toutes les écoles s'accordent à reconnaître qu'il y a, au sein de tous les règnes de la nature, des agents médicateurs auxquels on ne croyait plus au commencement de ce siècle, et qui offrent cependant de précieuses ressources pour le soulagement ou la guérison de nos souffrances ; mais tous ne s'accordent pas sur le mode d'administration, sur les doses, sur la loi des indications qui doivent déterminer l'usage de ces médicaments.

Modifier peu à peu la constitution par des doses modérées qui la changent sans l'ébranler, sans la troubler, sans épuiser ses ressources, mais, au contraire, en relevant ses principales fonctions, en leur imprimant une nouvelle activité qui élabore et assimile les matériaux nuisibles ou leur ouvre une voie d'élimination par la

peau, les reins, l'intestin ou le poumon, n'est-ce pas
là ce qu'on peut espérer de mieux contre des maladies
telles que le rhumatisme et la goutte, qui se préparent
à la longue, accumulent leurs matériaux en silence, et
n'éclatent en accidents douloureux que lorsqu'elles ont
acquis une puissance dont il est impossible d'avoir raison par un changement immédiat.

Tout praticien ne sait-il pas que toute maladie pré-
parée à la longue et devenue chronique ou consti-
tutionnelle exige un traitement prolongé et propre à
détruire peu à peu une disposition qui est l'œuvre du
temps et de circonstances persévérantes et multipliées?

Mais un pareil traitement fatigue bientôt le malade,
et il doit être de temps en temps interrompu, puis re-
pris avec des alternances de repos et une certaine va-
riété de moyens, sous peine d'épuiser tout à la fois et
l'efficacité du remède, et la sensibilité des organes, et
la tolérance de l'économie. C'est cette méthode de
traitement qu'on propose ici : elle consiste dans l'em-
ploi successif et alternatif de médicaments présentés
sous une forme agréable et commode, à doses modérées, et propres à éteindre, à soulager les douleurs sans
danger, enfin à détruire peu à peu et à combattre la
disposition qui y donne lieu.

Ces médicaments sont variés comme les accidents
qu'il s'agit de combattre ; chacun d'eux trouve son indication dans les circonstances auxquelles il est appli-

cable. Leur réunion constitue une méthode efficace,
pourvu qu'on la suive avec persévérance, et qui, sans
se flatter d'une infaillibilité illusoire, peut offrir une res-
source précieuse aux habitants d'un climat dans le-
quel les affections rhumatismales lentes, latentes, sont
endémiques, et dominent toute l'habitude médicale et
physiologique de la population agglomérée sur un sol
déprimé, dominé de toutes parts par des montagnes, et
enveloppé par le circuit d'une rivière qui le pénètre
d'infiltrations souterraines.

Ces conditions réunies contribuent à entretenir une
atmosphère au sein de laquelle l'eau en évaporation
occupe toujours une proportion très importante ; ce
qui en rend l'habitation presque toujours plus ou moins
incommode, pénible et défavorable à la santé pour
toutes les existences qui ont cessé de jouir de l'inté-
grité de leurs forces ou de leur activité.

Sans doute ce climat n'est pas, en somme, beaucoup
plus mauvais que bien d'autres ; mais on ne résiste
avec avantage à son influence, presque toujours alternant du froid humide à la chaleur humide, qu'à la
condition d'être doué d'un certain degré de force, et
de se créer des occupations actives qui permettent de
réagir avec énergie et d'entretenir le mouvement vital
à la circonférence, au lieu de le laisser languir dans
une concentration funeste aux fonctions normales et
régulières de la peau.

*

On ne meurt certainement pas plus ni plus tôt à Besançon qu'ailleurs; mais il est permis de croire qu'on y souffre davantage, à en juger par l'aspect général qu'y offrent les santés à l'œil de l'observateur. L'élément douleur y est fréquent, et si les maladies rhumatismales aiguës y sont relativement rares, la pratique médicale y découvre une multitude de souffrances dont le caractère n'est ni celui de l'accident, ni celui du danger, mais bien celui d'une opiniâtreté et d'une persévérance dont la raison se trouve dans l'influence journalière et permanente d'une cause qui a revêtu toute l'importance d'une habitude, toute l'inexorable fixité d'une seconde nature.

Les conditions d'existence d'un grand nombre de personnes ne sont point propres à leur procurer une immunité spéciale à l'endroit de ces influences de climat.

Combien de gens qui, arrivés à cet âge où le mouvement d'expansion et de prédominance artérielle perd son empire, pour le céder au système lymphatique et veineux, dont la circulation se traîne péniblement, surtout dans une existence dont la première période a été employée à accumuler et à capitaliser chaque jour une fatigue nerveuse, qui se retrouve et se fait sentir à ce moment où se ralentit l'impulsion de la jeunesse, comme pour nous avertir que nous devons désormais régler notre hygiène avec plus d'économie et de prudence sous tous les rapports ; combien de négociants, d'hommes livrés à l'étude, condamnés à une vie quasi-sédentaire et dont les habitudes laborieuses, les devoirs monotones, les préoccupations cérébrales incessantes, viennent accroître l'inertie des viscères et celle des fonctions de la peau, leur faire subir d'une manière passive les atteintes d'un climat le plus ordinairement variable et extrême dans ses transitions. De là les congestions goutteuses et rhumatismales ; de là des douleurs variées, des névralgies, des paralysies, des névroses, qui font souffrir longuement, des hydropisies, des accidents cérébraux ou pulmonaires qui peuvent tuer rapidement, et ne sont que des expressions multiples d'une même affection générale qui a envahi toute l'économie, comme on a fini par le reconnaître et l'enseigner, même à l'école de Paris !

De là la nécessité d'adopter un mode de traitement persévérant, modéré, patient, car ce n'est pas en quelques jours ou en quelques mois qu'on arrive à modifier d'une manière fondamentale une forme d'existence créée en partie par le climat qu'on habite et des occupations qu'on ne peut changer.

Il y a plus : o'est qu'on ne peut arriver à cette modification de l'économie que dans une proportion toute relative, et qu'il suffit de rendre compatible avec l'équilibre qui constitue une santé tolérable, sans avoir jamais la prétention d'arriver à l'absolu par des moyens bien

souvent propres à compromettre ce qu'il importe surtout de conserver. Parmi ces moyens il y a un choix à
faire, et il est important, en outre, de ne les employer
qu'avec prudence et modération, afin d'en recueillir
le bénéfice sans troubler et ébranler l'organisation
par des remèdes inopportuns ou des mélanges mons-
trueux.

Ces inconvénients se rencontrent dans la plupart
des méthodes usitées, où tout se trouve livré à la fan-
taisie, à l'impatience, au hasard. Les unes accumulent
dans le plus affreux tumulte les médicaments et les ad-
ministrent sans indications ; les autres les associent
sans prévision sérieuse de ce qu'ils peuvent produire.
Il n'y a donc pas lieu de s'étonner du conflit qu'ils peuvent se livrer au sein d'une organisation qui subit
ainsi le sort malheureux d'un champ de bataille foulé
et ravagé par tous les partis.

Il résulte de ces considérations que les médicaments
doivent être administrés seuls, successivement, et dans
un certain ordre réglé par les circonstances éventuelles
qui se présentent dans le cours de la maladie.

C'est ce rapport entre les phénomènes de la maladie
et le choix du médicament qui constitue *l'indication*,
laquelle doit ressortir, autant que possible, des effets
connus des médicaments sur l'homme à l'état de santé
et à l'état de maladie, des modifications qu'ils font
éprouver à l'organisme et de celles qu'ils peuvent em-

pêcher. C'est en cela principalement que consiste l'art du médecin, et l'on peut dire malheureusement que, dans toutes les écoles, cet art est encore loin d'avoir atteint la perfection.

Cependant il est possible d'entrevoir des rayons de lumière au sein de cet empire des ténèbres, et le devoir du médecin est de les réunir pour en éclairer sa marche, car il ne peut abandonner le malade aux hasards de l'expectation ou aux hasards plus grands encore d'un traitement que les maîtres eux-mêmes signalent comme incertain, inutile ou dangereux.

Outre les moyens que prescrit l'hygiène pour nous soustraire, autant que possible, aux influences hostiles de l'atmosphère, et pour entretenir ou rétablir les fonctions régulières de la peau, outre les prescriptions d'un régime sage et modéré, qui peut, avec le temps et la persévérance, contribuer si puissamment à ramener l'équilibre au sein de l'économie, il est des substances qui peuvent produire en elle des changements favorables, soit en éteignant la douleur et la fièvre, soit en sollicitant des crises qui rétablissent la composition normale des humeurs et du sang, en les délivrant par différentes voies d'élimination (la peau, les reins, les membranes intestinale et pulmonaire) des éléments qui en altèrent la pureté.

Parmi ces substances, il faut noter :

1° *L'aconit*, dont l'indication se trouve dans l'état

aigu, très douloureux, avec les signes de l'inflamma-
tion, tels que rougeur et gonflement de la partie affec-
tée, chaleur âcre et sèche, forte fièvre, sensibilité ex-
cessive à tout contact, avec exaspération excluant tout
repos pendant la nuit ;

2° *La belladone*, contre les mêmes symptômes com-
pliqués des signes de congestion à la tête ;

3° *La camomille*, contre le même ordre de souffrances, parmi lesquelles les signes de l'embarras gas-
trique offrent de la prédominance ;

4° *La noix vomique*, dans le même cas, et en alternant avec la camomille, surtout s'il y a constipation,
crampes, palpitations musculaires, douleurs dans la partie postérieure du tronc, le dos, les reins, les épaules ;
surtout dans les tempéraments irritables, bilieux ;

5° *La pulsatille*, quand les douleurs ont de la tendance à passer rapidement d'une partie dans une
autre, ou à s'aggraver vers le soir, ou à se perpétuer
dans une organisation flegmatique et molle, à dégé-
nérer, en un mot, en rhumatisme chronique ;

6° *Le soufre*, souvent en alternant avec la pulsatille, contre les restes opiniâtres des rhumatismes aigus, et dans presque tous les cas de rhumatismes chroniques ; il convient alors de commencer par ce médicament, comme on donne la préséance à l'aconit dans
tous les cas aigus ;

7° *La bryone*, lorsque les douleurs s'aggravent par

le moûvement, et lorsqu'elles se fixent dans la région du cœur, avec palpitations, oppression, anxiété et accompagnement de souffrances bilieuses ou gastriques ;

8° *Le sumac vénéneux*, lorsque les douleurs s'aggravent au contraire par le repos ou pendant la nuit, se fixent de préférence sur les articulations et les parties fibreuses, avec sensation de faiblesse paralytique, de raideur ou de luxation ;

9° *La rue (ruta graveolens)*, contre les paralysies rhumatismales des membres ;

10° *Le rhododendron*, contre les douleurs provoquées par les mauvais temps ;

11° *L'ellébore blanc*, dans les mêmes cas, et lorsque les douleurs, analogues à celles d'une meurtrissure, sont améliorées par la marche, aggravées par la chaleur du lit ;

12° *Le colchique d'automne*, contre les douleurs variables, erratiques, protéiformes de la goutte, surtout lorsque ces douleurs se sont déjà manifestées dans les articulations des doigts ou des orteils, ou s'y sont fixées ;

13° *La coloquinte*, surtout lorsque les douleurs goutteuses ont pris domicile dans les viscères abdominaux ou dans la continuité des membres inférieurs ;

14° *Le daphné mézéréum*, dans les mêmes cas et en alternant avec les précédents médicaments, lorsque les douleurs goutteuses affectent principalement la région lombaire (lumbago).

Ces médicaments, déjà nombreux et toujours présentés sous la forme agréable et commode de dragées ou de liquides faciles à prendre [1], ne sont pas, à beaucoup près, les seuls qu'il soit donné au médecin d'employer avec avantage contre des affections qui font le désespoir des malades par leur ténacité ; mais ils offrent déjà de précieuses ressources, qui suffiront, dans la plupart des cas, à la guérison des affections aiguës, au soulagement des souffrances chroniques, enfin à empêcher tout au moins leur aggravation indéfinie dans les cas trop nombreux où ces souffrances, abandonnées à elles-mêmes, arrivent à troubler profondément l'existence ou à la trancher avant le temps.

Dans les cas de chronicité, ces médicaments doivent être employés avec patience et persévérance, successivement et tour à tour, dans un ordre variable dont il n'est pas donné au malade seul ni à ceux qui l'entourent de bien saisir toutes les indications.

Mais la persévérance est ce qu'il faut le moins demander aux malades ; c'est ce dont ils se montrent le plus avares, comme s'il était plus avantageux de souffrir et de ne rien faire, ou de subir toutes les chances d'un traitement aussi audacieux dans ses procédés qu'incertain dans ses résultats.

---

(1) Ajoutons que, par la précision et la simplicité de leur préparation, la certitude de leur origine, ils échappent aux inconvénients qui se rencontrent trop souvent aujourd'hui dans cette foule de drogues pharmaceutiques dont la science et l'art dénoncent tous les jours les falsifications.

Il est facile de comprendre, d'après cela, combien sont illusoires les annonces de ces marchands de remèdes secrets, de ces commerçants de la santé humaine, qui ont l'audace de promettre une guérison facile au moyen d'un seul médicament, ou d'une association de médicaments, dont le principal but est d'enrichir le marchand, en livrant en compensation au public un composé dont les éléments se neutralisent, éprouvent et ébranlent l'organisation, et peuvent être comparés aux billets d'une loterie dans laquelle on place pour enjeu la santé ; comme si toute maladie un peu longue ne demandait pas l'administration successive de plusieurs médicaments, selon l'analogie respective de leurs effets connus avec ses différentes phases.

Ce qui vient d'être dit des affections rhumatismales s'applique également aux affections catarrhales, maladies congénères par les causes qui les produisent, par les moyens de traitement qui leur conviennent, et différant seulement par les organes sur lesquels elles se fixent.

Sans doute il serait facile d'écrire un traité volumineux sur ces affections, mais la science est encombrée de ces livres faits avec d'autres livres, et avec des observations auxquelles personne ne croit, puisqu'il est reconnu, d'une part, qu'elles ne sont pas toujours sincères; qu'un esprit prévenu peut voir dans les faits de la nature, comme l'œil dans un kaléidoscope, tout

ce que l'imagination sait créer de fantômes ; et que, d'autre part, les observations prises au lit des malades, dans les hôpitaux, ne prouvent pas, à beaucoup près, tout ce qu'on prétend leur faire prouver, parce qu'il n'est pas donné au médecin de suivre le malade après sa sortie, et de connaître la marche de sa convalescence, ni les conséquences du traitement qu'il a suivi, pas plus qu'il ne lui est permis d'établir un rapport d'analogie parfaite entre ce qui se fait dans la pratique des hôpitaux et ce qui se voit dans la pratique civile, où les malades offrent de tout autres conditions. Telle est l'opinion de M. Trousseau, qui est une autorité ; et M. Bouillaud, qui en est une autre, n'a jamais pu, malgré l'importance de ses travaux et l'éloquence de sa plume, *populariser*, à force d'observations, la saignée coup sur coup.

En présence des aveux désespérants de la médecine usuelle, pourquoi ne serait-il pas permis de proposer et de faire connaître, en quelques mots, une nouvelle méthode de traitement dans une brochure qui peut se lire, tandis que les volumes ne s'achètent ni ne se lisent guère dans ce siècle de journaux, de lectures plus ou moins amusantes, de cartes de visite, de distractions de toutes sortes, de vaine pâture intellectuelle et gastronomique, de gaspillage de l'existence, en un mot ? Pourquoi n'essaierait-on pas de modifier et de relever l'économie souffrante par des médicaments à doses modérées et non perturbatrices, puisque la médecine officielle semble reconnaître elle-même qu'elle a cherché jusqu'ici ses solutions en dehors des voies de la nature ? Elle n'a pas craint de remettre en question sa propre existence en proposant, comme sujet de prix à l'Académie de médecine, le traitement de la pneumonie par l'expectation [1]. La pneumonie, la mieux connue, la mieux analysée peut-être de toutes les maladies, traitée par l'expectation ! Mais n'est-ce point solliciter, de la part des concurrents, une mauvaise action que de les inviter à soumettre les malades à une telle expérimentation ? Non, il n'est point permis à la médecine de douter d'elle-même à ce point, après avoir accumulé pendant quarante siècles un immense trésor de connaissances, de traditions respectables, d'études intelligentes sur les causes, le siége, la marche des maladies et les moyens de les discerner, de les reconnaître. Si l'incertitude règne encore, à bien des égards, sur les meilleurs moyens de les guérir, cela tient aux immenses difficultés qui se rencontrent dans la nature même de cette étude, dont on ne peut asseoir les bases que sur le terrain perpétuellement mouvant de l'organisation humaine, au sein de laquelle tout est

---

(1) Séance publique annuelle du 11 décembre 1860. — *Prix proposés pour l'année 1862, prix de l'Académie.* L'Académie met au concours la question suivante :

« Déterminer, en s'appuyant sur des faits cliniques, 1º quelle est la » marche *naturelle* des diverses espèces de pneumonie considérées dans » les diverses conditions physiologiques des malades ; 2º quelle est la » valeur relative de l'expectation dans le traitement de ces maladies. »

changement, selon les conditions perpétuellement variables de jeunesse ou de vieillesse, de genre de vie, de sexe, de climat, de saisons, d'habitudes, de profession, de tempérament, de constitution physique et morale. Les données du problème sont multiples, compliquées, et nous sommes obligés de l'accepter tel qu'il nous est posé par la nature. Mais la médecine se doit à l'humanité, et il ne lui est point permis de déserter son devoir en se déclarant incrédule ou sceptique. Il doit seulement lui être imposé, au milieu du doute dont elle fait aujourd'hui l'aveu, de se montrer tolérante envers des efforts qui ont pour but de soulager nos souffrances par des moyens prudents et cependant efficaces [1], sans faire courir au malade les aventures et les hasards que lui faisaient traverser (quand il les traversait) des méthodes de traitement aveugles dans leur témérité ou désespérantes par leur impuissance.

[1] Ces moyens, plus nombreux qu'il n'est possible de le dire dans un écrit qui ne peut avoir pour but d'en donner l'indication suffisante pour tous les cas, ces moyens n'excluent point les pratiques consacrées par l'expérience des siècles, telles que précautions de régime et prescriptions d'une hygiène rationnelle quant à l'exercice, aux vêtements, à l'alimentation, etc.; dérivatifs et révulsifs, tels que bains de vapeur, frictions médicamenteuses, ventouses sèches, vésicatoires, évacuants même, quand ils sont nécessaires. Ces auxiliaires, utiles si on les combine avec une médication interne prudente, persévérante et bien dirigée, restent trop souvent impuissants, l'expérience le dit assez, lorsqu'ils sont seuls ou associés à des pratiques audacieuses et propres seulement à déconcerter une résistance vitale qu'on ne peut assez ménager.

BESANÇON, IMPRIMERIE DE J. JACQUIN.